UNGARISCHE BIBLIOTHEK
Für das Ungarische Institut an der Universität Berlin
herausgegeben von ROBERT GRAGGER
Zweite Reihe

5.

Ungarische Kulturpolitik nach dem Kriege

von

Graf Kuno Klebelsberg
Königl. ungar. Minister für Kultus und Unterricht

Rede, gehalten in der Aula der Berliner Friedrich Wilhelms-Universität
am 21. Oktober 1925

1925
Walter de Gruyter & Co.
vormals G. J. Göschen'sche Verlagshandlung — J. Guttentag, Verlagsbuchhandlung — Georg Reimer — Karl J. Trübner — Veit & Comp.
Berlin und Leipzig

Im Oktober 1895 — also genau vor dreißig Jahren — war ein junger Ungar vor dem Rector Magnificus der Friderica Wilhelmina erschienen, um ehrfurchtsvoll um seine Aufnahme in die Alma mater zu bitten. Jetzt, nach dreißig Jahren ist dieser Ungar nach Berlin zurückgekehrt und steht heute an derselben Stelle, wo ihm der greise Gelehrte einst die Hand gereicht. Bereichert mit fruchtbaren Kenntnissen verließ er seinerzeit dankerfüllten Herzens die deutsche Reichshauptstadt; heute bringt er nun seine Bewunderung für die Weite und Tiefe der deutschen Kultur und die Größe des deutschen Volkes dar, jenes gewaltigen Volkes, das sich vielleicht nie als so groß erwies, wie in den Schicksalsjahren nach Tilsit und Versailles. Vor drei Jahrzehnten brachte der Jüngling nur seine persönliche Hochachtung und Liebe für deutsches Wesen und deutsche Eigenart mit; heute darf der Mann in verantwortlicher Stellung im Namen Ungarns der edlen Leidensgefährtin, der großen deutschen Nation, die Gefühle inniger Anhänglichkeit und tiefempfundener Dankbarkeit verdolmetschen.

Einer überaus beehrenden Einladung Folge leistend bin ich mit einem doppelten Vorsatz nach Berlin gekommen: ich kam erstens, um die geistigen Bande, die Deutsche und Ungarn stets vereinigten, wenn möglich, noch fester zu knüpfen, zweitens um über die unentwegte Arbeit zu berichten, die wir in Ungarn nach dem Zusammenbruch zur Rettung der überlieferungsreichen ungarischen Kultur verrichtet haben.

Wenn die seit den Friedensschlüssen mit unleugbar großem Wohlwollen gemachten Versuche zur Wiederherstellung der geistigen Zusammenarbeit der Völker nur zu recht bescheidenen und dem Aufwande an Kraft und Zeit kaum angemessenen Ergebnissen geführt haben, so liegt der Grund dafür doch hauptsächlich in dem Umstande, daß die Mitwirkung der deutschen wissenschaftlichen Welt und der unvergleichlichen deutschen Organisationskunst gefehlt hat. Ohne Deutschland ist eben eine Vertretung der menschlichen Gesamtkultur undenkbar und ohne die Mitarbeit Deutschlands können wissenschaftliche Unternehmungen, die die zielbewußte Zusammenfassung der Kräfte vieler erheischen, nur schwer zustande kommen. Wir Ungarn wollen und können der Beihilfe der mächtigen deutschen Bildung nicht entbehren und ich bin eben in die deutsche Reichshauptstadt gekommen, um durch die Errichtung einer bleibenden Kulturinstitution, eines Collegium Hungaricum, unserem geistigen Zusammenwirken eine organische, das heißt eine stetige und lebendige Form zu geben.

In dem Berichte über unseren kulturellen Wiederaufbau möchte ich es tunlichst vermeiden, auf Einzelheiten einzugehen, und möchte mich auf die Hauptgesichtspunkte beschränken, die uns in unserer entsagungsvollen Rettungs- und Rekonstruktionsarbeit leiteten und leiten. Es gibt ohne Zweifel nur wenige Völker, bei denen die großen Geschehnisse der Vergangenheit Denken und Fühlen der Gegenwart in dem Maße beeinflußten, wie bei uns, und eben deshalb erscheint dem ausländischen Beobachter bei uns so manches als kaum verständlich, ja geradezu als rätselhaft. Aus diesem Grunde werde ich in meinen Ausführungen bestrebt sein, darzulegen, wie sehr unsere Kulturpolitik von heute durch die Hauptmomente einer tausendjährigen Geschichte, hauptsächlich durch die schweren Folgen der anderthalb Jahrhunderte währenden Türkenherrschaft und durch unsere vierhundertjährige Verbindung mit dem Staate Österreich bedingt ist. Ich verstehe unter Österreich selbstverständlich Altösterreich, namentlich das Österreich von Rudolf II. bis zum Vormärz, und betone nachdrücklich — um nicht mißverstanden zu werden —, daß all das, was ich über den slawisch stark durchsetzten Staatsapparat und die oft undeutsch eingestellte Staatskunst des alten Österreich ausführe, sich ganz und gar nicht auf unsere deutschösterreichischen Brüder bezieht, die wir auch zuletzt im Weltkriege in treuer Kameradschaft hochschätzen und lieben lernten. Dasselbe gilt auch bezüglich der uns heute und seit vielen Jahrzehnten befreundeten türkischen Nation, mit der wir im Weltkriege Schulter an Schulter kämpften und deren nationale Renaissance wir mit brüderlicher Sympathie beobachten. Es ist überflüssig, besonders zu bemerken, daß ich im Laufe meines Vortrages Gelegenheit nehmen werde, darauf hinzuweisen, wie sehr wir in unserer Kulturpolitik, bei voller Wahrung unserer nationalen Eigenart, die großen deutschen Vorbilder vor Augen hielten.

Gleich in der entscheidenden Frage der Zentralisation oder Dezentralisation der Kultur folgen wir neuerdings dem im Laufe vieler Jahrhunderte historisch-organisch entwickelten deutschen System. Zwischen Deutschen und Griechen wurde wegen der Dezentralisation ihres staatlichen und geistigen Lebens oft ein Vergleich gezogen. Von den Gestaden des Schwarzen Meeres über die Küsten Ioniens und die Inseln des Ägäischen Meeres, über das eigentliche Griechenland bis nach Sizilien und Unteritalien bestand eine lange und blühende Reihe von griechischen Kleinstaaten, unter denen es viele hervorragende, zum Teil unvergleichliche Kulturzentren gab. Es ist geradezu bestechend und erfüllt den Beobachter mit Staunen, wie diesen wunderbaren griechischen Zuständen das System der deutschen geistlichen und weltlichen Fürsten- und Kurfürstentümer, sowie der deutschen Reichs- und Hansastädte nicht nur äußerlich ähnelt, sondern auch wesensverwandt ist. Wenn wir aber die politische und geistige Kultur Italiens in den inhaltsreichsten drei Jahrhunderten seiner Geschichte, im Trecento, Quattrocento und Cinquecento betrachten, so überrascht uns eine vielleicht noch tiefere und beredtere Ähnlichkeit. Das Neapel der sich ablösenden Häuser Anjou und Aragon, das Rom der Renaissancepäpste, das Urbino der Montefeltre, das Rimini der Malatesta, das Florenz der Mediceer, das Mailand der Visconti und Sforza, das Parma der Farnese, das Ferrara der Este, das Mantua der Gonzaga, sowie die Stadtstaaten Pisa, Genua und Venedig können mit den großen deutschen fürstlichen Mäzenatengeschlechtern von dem Landgrafen Hermann von Thüringen bis zum Herzog Karl August von Weimar und darüber hinaus und mit den Städten Nürnberg, Augsburg, Frankfurt, Köln, Hamburg, Bremen usw. verglichen werden. Diese Übereinstimmungen sind aber meines Erachtens — wie ich schon betont habe — keine ungefähren, zufälligen Ähnlichkeiten, sondern mir will scheinen, daß die überragenden, die klassischen Kulturvölker der Weltgeschichte — dies in historisch-periodischem, entwicklungsgeschichtlichem Sinne verstanden — in der Dezentralisation die ihrer Wesensart adäquate Form, das innere „Gesetz — um ein Goethesches Wort zu gebrauchen — nach dem sie angetreten", zum Ausdruck bringen. Diesem inneren Triebe steht die bewußte Neigung des antiken Rom und des modernen Frankreich zur straffen, lückenlosen Organisation gegenüber, die nach Einheit und nach Überwindung des Individuellen strebt. Kaiser Augustus und seine Nachfolger, Ludwig XI., Kardinal Richelieu, Ludwig XIV. und die beiden Bonaparte sind die hauptsächlichsten Vertreter dieses römisch-gallischen Systems.

Wie lagen die Verhältnisse in dieser Beziehung in Ungarn? Die Könige von Ungarn residierten während der letzten vier Jahrhunderte außerhalb des Landes und so fehlte der Hof und fehlte die Hauptstadt, die der befruchtende und zusammenfassende Mittelpunkt einer geistigen und gesellschaftlichen Kristallisation hätten werden können. Die zentralistische Bureaukratie des alten Österreich verfolgte mit zäher Konsequenz das Ziel, aus Wien eine Reichshauptstadt, also auch eine Hauptstadt für Ungarn zu machen; es ist aber bei dem Selbst- und Selbständigkeitsgefühl der ungarischen Nation selbstverständlich, daß diese sich mit aller Kraft dagegen wehrte. Unter solchen Umständen, bei dem völligen Mangel einer Kulturpflege von oben mußten die drei historischen Kirchen Ungarns, die katholische, reformierte und evangelische Kirche, die Organisierung des nationalen Schulwesens, als des Fundaments der nationalen Bildung, selbständig und selbsttätig in die Hand nehmen. Die drei Kirchen waren es, die die Volks-, Mittel- und Hochschulen in Ungarn gründeten und all die Jahrhunderte hindurch aus eigener Kraft erhielten und weiterentwickelten. So entstanden in Tyrnau, Preßburg, Oedenburg, Fünfkirchen, Pápa, Erlau, Sárospatak, Eperies, Debrezin, Nagyenyed konfessionell fundierte, aber im Dienste der nationalen Kultur wirkende Kulturzentren. Als dann im Jahre 1867 Franz Josef I. und Franz v. Deák den Ausgleich zustande brachten und Ungarn wieder die Möglichkeit gegeben ward, seine inneren Angelegenheiten frei zu regeln, wurde vor allem die Budapester Universität, eine Gründung des Kardinals Peter Pázmány, des größten ungarischen Kirchenfürsten im 17. Jahrhundert, unter Aufwendung von bedeutenden staatlichen Mitteln in großzügiger Weise und modernem Sinne um- und ausgebaut. Aber man ging weiter, und zwar nicht nur in der Großzügigkeit, sondern auch in der Großherzigkeit: für Siebenbürgen wurde in Klausenburg, für Kroatien in Agram eine eigene, neue Universität errichtet. Das eigentliche Ungarn ohne seine sogenannten Nebenländer besaß also nur eine Universität, neben welcher die alten konfessionellen Hochschulen, die sogenannten Akademien und Lyzeen, nicht mehr recht gedeihen konnten und nach und nach verdorren mußten. Inzwischen entwickelte sich die Hauptstadt Budapest, in der allmählich das gesamte politische, wirtschaftliche und gesellschaftliche Leben Ungarns zentralisiert wurde, in raschestem Tempo und wurde sozusagen über Nacht eine Millionenstadt, — leider auf Kosten der zum Teil traditionenreicheren, altehrwürdigen Provinzstädte. Fast das ganze Geistesleben des Landes pulsierte bereits in der Hauptstadt und man war darüber bis kurz vor dem Weltkriege aufs höchste erfreut. Erst am Anfang des zweiten Jahrzehntes unseres Jahrhunderts begann in unseren Köpfen die Einsicht zu dämmern, daß wir einen falschen Weg eingeschlagen und eine überaus schädliche Richtung befolgt hatten. In richtiger Erkenntnis dieses Irrtums wurde im Jahre 1912 die Errichtung zweier neuen Universitäten, und zwar in Preßburg und in Debrezin beschlossen, und beide wurden unter den denkbar schwierigsten Verhältnissen während des Weltkrieges halb und halb eingerichtet und ihrer Bestimmung übergeben. Der ungeheuerliche Friede von Trianon hat uns die Universitätsstädte Preßburg und Klausenburg entrissen und so standen wir nach dem tragischen Zusammenbruch mit zwei mittel- und obdachlos gewordenen und mit der noch unfertigen Debreziner

Universität da. Die entscheidend wichtige Frage mußte wieder aufgeworfen und beantwortet werden, ob wir, die Provinzuniversitäten abbauend, uns mit der Budapester Universität begnügen oder aber mit einem heroischen Kraftaufwand verhindern wollten, daß der militärischen Entwaffnung des ungarischen Staates die kulturelle Abrüstung der ungarischen Rasse folge.

Im Wettkampfe auf dem Gebiete der Kultur ist eine Universität einem Dreadnought vergleichbar, und wir wollten und durften so große Einheiten nicht verlieren. Bei unserem Entschluß, alle drei Provinzuniversitäten aufrechtzuerhalten, bildete aber einen der Hauptgründe der Vorsatz, mit dem System der kulturellen Zentralisation endgültig zu brechen und auf dem Wege der Dezentralisation mit Mut und Festigkeit fortzuschreiten. Die ehemalige Preßburger Universität wurde in Fünfkirchen, die frühere Klausenburger in Szegedin untergebracht, so daß wir heute in Rumpfungarn — die Debreziner und Budapester Universitäten mitinbegriffen — über vier Universitäten verfügen. Hohe Gerichtshöfe und Staatsämter, Mittelschulen und Spitäler räumten freiwillig ihre Gebäude, Provinzstädte brachten große materielle Opfer, zahlreiche Gaben von Privaten liefen ein, um für die geflüchteten Universitäten ein neues, wenn auch bescheidenes Heim zu schaffen. Eine der schönsten Erinnerungen meines politischen Lebens aber ist die ergreifende Szene, als ein einfacher Bauernabgeordneter, ein schlichter Sohn des ungarischen Tieflandes, vor mich hintrat und im Namen der kleinen Landwirte sich gegen das Gerücht verwahrte, als ob auch nur ein einziger aus ihren Reihen sich weigern würde, zur Rettung und Erhaltung der geflüchteten Universitäten seinen Tribut mit patriotischer Opferwilligkeit beizutragen. Dieser Fall zeigt symbolisch, wo die Wurzeln der Kraft Ungarns verborgen sind und wo der Jungbrunnen rauscht, aus dem unser nationales Leben immer wieder Jugend und Gesundheit schöpft. Drei Provinzstädte: Debrezin, Fünfkirchen und Szegedin, sind auf diese Weise zu Universitätsstädten geworden, und es ist uns eine große Genugtuung und eine hohe Freude, zu sehen, wie an allen drei Orten Universität und Stadt zusammenwirken, um neue Bildungszentren für ganze Landesteile zu schaffen. Wie lebens- und entwicklungsfähig übrigens diese Universitäten sind, beweisen die Zahlen mit einer zwingenden Deutlichkeit: neben der Budapester Universität mit ihren 5808 Hörern waren im abgelaufenen Schuljahr an der Debreziner Universität 894, an der Fünfkirchner 1200 und an der Szegediner 1090 Hörer immatrikuliert. Die Gegenwart ist also in vollem Maße zufriedenstellend, um so mehr, da sie eine schöne und ertragreiche Zukunft verspricht.

Die soeben erörterte Frage, ob die Kultur einer Nation am zweckmäßigsten nach dem Prinzip der Zentralisation oder der Dezentralisation organisiert werden kann, wird an Wichtigkeit und Kompliziertheit von einer anderen Frage noch überragt, nämlich von der schwierigen Frage, ob wahrer, unverfälschter Parlamentarismus und eine kontinuierliche, zielstrebige Kulturpolitik vereinbare politische Begriffe sind? Die Wechselwirtschaft der Parteien in der Leitung des Staatswesens gehört geradezu zum Wesen des parlamentarischen Systems, aus dem mit Notwendigkeit folgt, daß die aus den jeweiligen Mehrheiten gebildeten Ministerien sich von Zeit zu Zeit in der Regierung ablösen. In der klassischen Zeit des englischen Parlamentarismus wechselten Torys und Wights mit einer gewissen Regelmäßigkeit ab, eine Erscheinung, die an und für sich nicht unbedingt von üblen Folgen sein muß. Ein solcher Wechsel entspricht im großen und ganzen der menschlichen Natur, die des Bestehenden nur allzu rasch und allzu leicht überdrüssig wird und immer wieder geneigt ist anzunehmen, daß eine Besserung der Zustände nur durch eine Änderung des herrschenden Systems und einen Wechsel der führenden Persönlichkeiten herbeigeführt werden könne. Im Großbritannien des 18. und 19. Jahrhunderts, das dem kontinentalen Parlamentarismus als Vorbild diente, haben sich die Schäden eines öfteren Wechsels im leitenden Staatsapparat kaum gezeigt, da bei der weitgehenden Selbstbeschränkung der englischen Staatsmacht hauptsächlich Fragen der äußeren Politik und ökonomische Probleme, wie Steuerwesen und Zollpolitik, zu entscheiden waren, also Gebiete berührt wurden, auf denen sich die Situationen und Konjunkturen rasch ändern. Es ist ja auch klar, daß die außerordentliche Empfindlichkeit des parlamentarischen Systems der großen Beweglichkeit dieser politischen Materien vollkommen entspricht. Die innere Verwaltung im kontinentalen, also im weitesten Sinne des Wortes, war aber und ist teilweise auch heute noch in England Selbstverwaltungskörpern, Vereinen, ja sogar Einzelpersonen überlassen und wurde daher von dem Wechsel der Parteien und Ministerien kaum jemals in Mitleidenschaft gezogen. Es bleibt noch abzuwarten, wie sich der Parlamentarismus bei einer fortgesetzten Ausdehnung des staatlichen Wirkungskreises auf weitere innerpolitische Gebiete, bei zunehmenden Verstaatlichungen von Betrieben in seinem eigenen Stammlande bewähren wird.

Im Gegensatze zur Agilität und Elastizität der Außen- und Wirtschaftspolitik wünscht die Kulturpolitik eine gewisse Unabhängigkeit von den Wechselfällen des Augenblicks. Sie kann einem langläufigen Wechsel verglichen werden und ihr Wesen ist hauptsächlich dadurch determiniert, daß sie immer für die künftige Generation arbeitet. Die Dauer des Schulbesuches beläuft sich, wenn wir uns einen akademischen Bildungsgang vor Augen halten, auf 16 bis 17 Jahre; dabei ist zu beachten, daß dieser lange Bildungsweg bei aller Verschiedenheit der aufeinanderfolgenden Schulgattungen doch ein planmäßig aufgebautes, innerlich zusammenhängendes Ganze darstellen muß. Es liegt auf der Hand, daß unter solchen Umständen häufigere Änderungen an den Schulgattungen und Lehrplänen arge Störungen und Hemmungen verursachen müssen. Die Beschränkung im Unterrichte eines Faches, z. B. der Humaniora, erregt bei der betreffenden Gruppe der Oberlehrer eine lähmende Unsicherheit und schwere Berufssorgen. Die Langfristigkeit der Kulturpolitik wird auch durch den Umstand zur Notwendigkeit, daß die Reform einer Schulgattung durch eine entsprechende Umgestaltung der Lehrerbildung vorbereitet werden muß, da sonst die Gefahr droht, daß die Reform vom Papier des Lehrplans nicht ins Leben umgesetzt werden kann, weil die zur Verwirklichung nötigen Lehrkräfte nicht zur Verfügung stehen. Mit einem Worte: die Schule braucht, um gedeihen zu können, Ständigkeit und Ruhe. Indem ich dies betone, liegt es mir selbstverständlich vollkommen fern, einem pädagogischen Konservativismus oder gar Quietismus das Wort reden zu wollen. Reformen sind notwendig und unausweichlich, aber nur wohldurchdachte und auf lange Sicht geprüfte Reformen, die nicht bald nach ihrer Einführung wieder abgeändert werden müssen.

Im Ungarn der Vorkriegszeit herrschte zwar prinzipiell das parlamentarische System, aber das Beharrungsvermögen weiland Seiner Majestät König Franz Josefs sicherte in der Führung der Staatsgeschäfte eine große Beständigkeit. Von den fünfzig Jahren seit dem 67er Ausgleich bis zum Zusammenbruch entfällt bezeichnenderweise mehr als die Hälfte auf die Amtsführung zweier ungarischer Kultusminister, nämlich der Herren v. Trefort und v. Wlassics. Heute haben wir in Ungarn den vollen und unverfälschten Parlamentarismus, und es ist unsere Pflicht, den großen Vorteil, den der Parlamentarismus bietet, nämlich den steten und innigen Kontakt mit der öffentlichen Meinung, mit dem warm pulsierenden realen Leben auch für unsere Kulturpolitik fruchtbar zu machen; dabei müssen wir aber auch bestrebt sein, die Schule vor dem Einbruch der Parteipolitik und vor allzu vielem Rütteln durch Tagesstimmungen und Schlagwörter zu bewahren. Was für Mittel stehen uns zur Verfügung, um den angedeuteten Gefahren auszuweichen und das vorgesteckte Ziel zu erreichen?

Zuerst und vor allem geht unser Bestreben dahin, in unserer Kulturpolitik einen allgemeinen nationalen Standpunkt einzunehmen; wir befleißigen uns einer apolitischen Amtsführung, das heißt: wir trachten das Kulturressort zu entpolitisieren. Zu welchen verwirrenden Folgen ein entgegengesetztes Vorgehen führen kann, zeigt eben unser eigenes Beispiel. Die innere Politik Ungarns verfolgte eine sich liberal nennende, in Wirklichkeit aber freikonservative Richtung, deren hauptsächliche Repräsentanten die beiden Tisza: Vater und Sohn, waren. Der Umsturz brachte dann den Radikalismus, bald darauf den Sozialismus, der alsbald in Kommunismus umschlug, worauf die in ihrem Innersten aufgewühlte Nation mit einem gegenrevolutionären System antwortete. Jedes Regime hatte natürlich seinen eigenen Kultusminister, der von dem Lehrpersonal die Vertretung seiner eigenen Ideologie, die Verkündung seiner eigenen Weltanschauung forderte, was gerade für den charakterfesten Teil unseres Lehrpersonals am unerträglichsten war. Seitdem ich vor dreieinhalb Jahren das Kultusressort übernommen habe, war es mein Hauptbestreben, alle Parteipolitik aus dem Hause des Unterrichtsministeriums zu verbannen und der Lehrerschaft ihre innere Ruhe und berufliche Sicherheit wiederzugeben.

Ob das Kultusministerium von seinem jeweiligen Leiter als ein apolitisches Ressort verwaltet wird, hängt ganz vom Temperament, der Impulsivität, kurz: von der Individualität des betreffenden Ministers ab. Dies aber ist etwas Zufälliges und eben darum muß außer den persönlichen auch nach objektiven, organisatorischen Garantien gesucht werden, um der Gefahr möglichst vorzubeugen, daß die Kulturpolitik von dem Wechselspiel der Parteien hin- und hergezerrt wird. Wenn wir schon das parlamentarische System von England entlehnt haben, so müssen wir es eben in seiner Gänze, als eine organische Einheit übernehmen. Wir dürfen also bei seinem verfassungsrechtlichen Teile nicht stehen bleiben, sondern müssen auch auf verwaltungsrechtlichem Gebiete jene Methode der Autonomien, der Selbstverwaltungen annehmen und einführen, die Ihr Gneist so meisterhaft geschildert hat. Es ist etwas sehr Bedenkliches, den englischen Parlamentarismus mit dem Napoleonischen Zentralismus und Bureaukratismus verschmelzen zu wollen. Hingegen entspricht es sehr dem altungarischen Rechtsbewußtsein, Autonomien als Gegengewicht gegenüber der Übermacht der Zentralbehörden einzusetzen. Im Laufe der letzten vier Jahrhunderte mußte sich die ungarische Nation gegen die Tendenzen des angestrebten Gesamtreichs ständig zur Wehr setzen, und da die Zentralbehörden dem Drucke von seiten Österreichs zu sehr ausgesetzt waren und sich als wenig widerstandsfähig erwiesen, so trachtete die Nation, den Wirkungsbereich dieser Zentralbehörden durch Stärkung der autonomen Körperschaften, hauptsächlich der Munizipien, der Komitate, möglichst einzuschränken. Von den erwähnten theoretischen Erwägungen und von solchen nationalen Traditionen geleitet haben wir besonders auf dem Gebiete der höheren Kultur neue Autonomien geschaffen und die bereits bestehenden mit neuen Garantien ausgerüstet.

Die meisten großen wissenschaftlichen Akademien des Westens sind vom Staate gegründete, privilegierte und subventionierte Körperschaften von Gelehrten zur Förderung der nationalen Sprache und

Wissenschaft; die Ungarische Akademie der Wissenschaften hingegen ist eine in ihrer Entstehung und ihrem Wesen gesellschaftliche Stiftung, die ihr Dasein lediglich der nationalen Opferwilligkeit verdankt. Solange die Gemeinsamkeit mit Österreich bestand, wurde zur Sicherung der vollen Unabhängigkeit dieses Hauptorgans und Mittelpunktes der ungarischen Bildung jede ständige Staatshilfe grundsätzlich abgelehnt. In der auf den Zusammenbruch folgenden Inflationszeit hat sich auch das Vermögen der Akademie, das in staatlichen Renten und Pfandbriefen angelegt war, vollkommen entwertet, so daß sie ihre Tätigkeit einschränken und ihre Publikationen einstellen mußte. Da griff der Staat ein: der Personaletat der Akademie wurde übernommen und eine regelmäßige, jährliche Subvention gewährt, doch so, daß die völlige Unabhängigkeit der Akademie der Regierung gegenüber gesetzlich gewährleistet und bei etwaigen Differenzen zur Hintanhaltung machtpolitischer Übergriffe der Klageweg bei dem Obersten Verwaltungsgerichtshof geöffnet wurde.

Wir schlugen diesen Weg zur Sicherung der autonomen Kulturtätigkeit auch auf anderen Gebieten ein. Die großen öffentlichen Sammlungen wurden in einer Körperschaft vereinigt, die mit weitgehenden Selbstverwaltungsrechten ausgerüstet ist. (Wir nennen diese in einer juristischen Persönlichkeit vereinigte Gesamtheit unserer großen Landesmuseen, Archive und Bibliotheken die „Universität der öffentlichen Sammlungen".) Es schwebt uns dabei ein doppeltes Ziel vor Augen. Wir wollten einerseits die Möglichkeit des Eindringens der Parteipolitik in die Regionen der hohen Kultur von vornherein ausschließen, andererseits aber den wissenschaftlichen Geist in diesen Instituten neu beleben und stärken. Große Nationen können und werden auf diesem Gebiete spezialisieren und neben Universitäten und Museen gesonderte Forschungsinstitute errichten. Die kleinen Völker müssen mit ihren Mitteln haushalten und von ihren öffentlichen Sammlungen verlangen, daß sie bis zu einem gewissen Grade auch die Aufgaben der Forschungsinstitute übernehmen. Die Entwicklung der Universitäten und wissenschaftlichen Akademien lehrt uns, daß die klassische Form der Verwaltung der hohen Kultur nicht die bureaukratische, sondern die autonome ist, was natürlich nicht ausschließt, daß starke Persönlichkeiten auch innerhalb der gegebenen Schranken einen befruchtenden Einfluß auszuüben vermögen. Die neugeschaffene Organisation brachte auch so manche technische Vorteile mit sich. Das Personal der einzelnen Sammlungen hatte verhältnismäßig wenig Stellen, wir vereinigten sie also in einen einzigen Status von 90 wissenschaftlichen Beamten, wodurch wir ihnen einen regelmäßigen Aufstieg sicherten. Trotz des allgemeinen Personalabbaues haben wir diesen relativ hohen Stand aufrechterhalten, weil wir mit diesen Stellen zugleich den Zweck verfolgen, einer Reihe von jungen Spezialforschern eine entsprechende materielle Existenz zu bieten. Bei einer kleinen Nation kann verhältnismäßig wenig der Initiative des Einzelnen und den gesellschaftlichen Kräften überlassen werden; der wissenschaftliche Nachwuchs muß planmäßig und auf organisatorischem Wege sichergestellt werden. Darum haben wir die Auswahl des wissenschaftlichen Nachwuchses der Universität der öffentlichen Sammlungen überlassen, deren Kandidierungssenat zur Hälfte aus den Direktoren der betreffenden Sammlungen, zur Hälfte aber aus den Universitätsprofessoren der einschlägigen Fächer gebildet ist. Bei dieser organisatorischen Reform sind wir von dem Grundsatze ausgegangen, daß der Hochschullehrer in die Lage versetzt werden muß, seine auserlesenen Schüler, die besten Talente seines Seminars oder Laboratoriums, in deren Seele das heilige Feuer des Forscherdranges flammt, in wissenschaftlich anregenden Stellungen unterbringen zu können. Dieses System der Erziehung des Nachwuchses wird erst seit drei Jahren befolgt, aber auch in dieser kurzen Zeitspanne ist es uns gelungen, aus den Absolventen unserer Universitäten die besten Köpfe auszuwählen, so daß ein jugendlich frischer, arbeitsfreudiger Geist unsere großen Sammlungen erfüllt. Und fehlen uns auch, leider, die Mittel zu neuen, ausgiebigen Ankäufen und zu bedeutenderen Neuerwerbungen für unsere Sammlungen, so finden wir in der lebenswarmen und reinen Begeisterung des Personals für Wissenschaft und Forschung reichlich Entschädigung. Auch für die leitenden Stellungen steht dem Senate der Universität der öffentlichen Sammlungen das Recht der Kandidierung zu und die auf diese Weise, nämlich durch die zukünftigen Kollegen getroffene Auswahl hat sich ebenso bewährt, wie die allgemein gebräuchlichen Berufungen der Professoren an den Universitäten.

Neben diesem neuen, aus den großen öffentlichen Sammlungen gebildeten Selbstverwaltungskörper bestehen zwei andere, althergebrachte Autonomien: diejenige unserer Universitäten und die unserer Kirchen. Die ungarischen Universitäten sind nach deutschem Muster eingerichtet, mit je einem aus der Reihe der Professoren gewählten Rektor an ihrer Spitze. Unsere großen, historischen Kirchen sind die hauptsächlichen Schulerhalter, und zwar in dem Maße, daß von den 17 415 Volksschulklassen 6221 katholisch, 2422 reformiert und 727 evangelisch sind. Verweltlichungs- und Verstaatlichungsbestrebungen sind um die Jahrhundertwende auch bei uns aufgetaucht und das Ergebnis dieser Tendenz sind die 4197 Staats- und die 3033 Gemeindeschulklassen, über die wir in Ungarn verfügen. Die Vertreter dieser Tendenz gehen hervor aus einem engeren Kreise von Pädagogen und Bureaukraten, sie vermochten aber die Zustimmung der bei uns ausschlaggebenden ländlichen Bevölkerung und der Mehrzahl der Intelligenz nicht zu gewinnen. Nicht etwa Erwägungen theoretischer, prinzipieller Art, sondern ganz spezifisch ungarische Motive bestimmten hier die allgemeine Richtung zugunsten der Kirchen. Gegenüber dem zentralistischen Druck des alten Österreich vertraten und verfochten die konfessionellen Schulen die Idee des nationalen Unterrichts in der Muttersprache, sie sind daher die Träger einer großen patriotischen Tradition. Die Vermögen der Kirchen und der Opfersinn der Gläubigen entlasten den Staat, beziehungsweise die Gemeinden recht bedeutend, indem ein beträchtlicher Teil der Erhaltungskosten der Schulen von ihnen getragen wird. Irgendeine Gefahr droht dem Staate von dieser Seite nicht, denn schließlich sind die maßgebenden Persönlichkeiten der ungarischen Kirchen seit anderthalb Jahrhunderten gegenseitig von einer so friedfertigen Gesinnung erfüllt, daß die konfessionelle Gliederung unseres Schulwesens keinen konfessionellen Hader, nicht einmal eine konfessionelle Einseitigkeit nach sich zieht.

In weiterer Verfolgung des Selbstverwaltungsgedankens und der Dezentralisation sind wir eben im Begriffe, die Unterrichtsverwaltung in vier Kulturprovinzen aufzuteilen, und zwar unter der Leitung je eines auf Vorschlag des Kultusministers von dem Reichsverweser zu ernennenden Präsidenten mit dem Sitz in den Residenzen unserer vier Universitäten und mit Einbeziehung der philosophischen Fakultät der betreffenden Universität und der Direktoren der höheren Schulen der betreffenden Kulturprovinz. Diesem Gremium gedenken wir das Vorschlagsrecht bei der Ernennung der Oberlehrer und bei Ernennungen in der Unterrichtsverwaltung zu übertragen und es auch mit anderen weitgehenden Befugnissen im Bereiche der mittleren und der Volksschulen auszustatten. Es werden ihm in dieser Weise Agenden übertragen, die heute die Zentralstelle mit ihrer tausendfältigen Last fast erdrücken und den Minister und die leitenden Beamten verhindern, ihre Arbeitskraft ganz und voll den großen pädagogischen und organisatorischen Fragen zu widmen.

Wenn wir das Prinzip der Selbstverwaltung in der ungarischen Kulturpolitik in der geschilderten Weise zu verwirklichen suchen, so stehen wir doch fest auf dem Standpunkte, daß die Initiative ungeschmälert dem Minister zusteht und daß die großen Linien seiner Kulturpolitik von verfassungsrechtlich unverantwortlichen Elementen nicht durchkreuzt oder paralysiert werden dürfen. Montesquieu sagt in seiner klassischen Lehre von der Teilung der Gewalten treffend und tiefsinnig, daß die gesetzgebende, vollziehende und richterliche Gewalt sich gegenseitig die Wage halten muß. Ähnliches gilt für die Unterrichtsverwaltung bezüglich der Führung und des Aufsichtsrechtes des Ministers einerseits und für die Kompetenzen der Selbstverwaltungskörper andererseits. Für den Minister ist es allerdings oft recht unbequem, sich mit den verschiedenen Kollegien und ihren oft allzu einseitigen Fachleitern abzuquälen. Der zielbewußte Wille eines tatkräftigen Ministers wird sich aber, wenn er von der Zustimmung der öffentlichen Meinung unterstützt wird, unbedingt durchsetzen; es wird aber auf diese Weise unmöglich gemacht, daß bei jedem Wechsel in der Zusammenstellung der herrschenden Parteikoalitionen und bei den dadurch verursachten Ministerwechseln eine plötzliche und unvermittelte Änderung in den Hauptgrundsätzen der Kulturpolitik eintritt, daß der Nachfolger das Werk seines Vorgängers zerstört und so das Schulwesen erschüttert und zerrüttet.

Der kostspieligste Teil der Kulturpolitik ist zweifellos die Kunstpflege; wahrlich, eine harte Aufgabe für einen mit finanziellen Schwierigkeiten kämpfenden Staat und eine durch Krieg und Revolutionen verarmte Gesellschaft. Die Erhaltung der Hauptpfeiler der nationalen Kunst in Ungarn, nämlich des Nationaltheaters, der kön. Oper, der Musikakademie und der Hochschule für bildende Künste konnte glücklicherweise gesichert werden. Daneben sind wir aber auch bestrebt, bei der Aufführung größerer öffentlicher Bauten die künstlerische Ausschmückung nicht zu vernachlässigen, um auf diesem Wege Bildhauern und Malern Gelegenheit zu künstlerischer Betätigung zu bieten. Unser Museum der schönen Künste wird bei seinen Ankäufen ständig von den Interessen der heimischen Kunst geleitet, aber wir tragen auch dafür Sorge, daß sowohl bei diesen Ankäufen als auch bei der Besetzung der Lehrstühle an der Hochschule für bildende Künste nicht etwa eine einseitige Kunstauffassung sich breit mache, sondern sind bestrebt, jeder lebens- und entwicklungsfähigen Richtung gerecht zu werden.

Eine weitere wichtige, geradezu eine Schicksalsfrage der ungarischen Kulturpolitik bildet die Erwägung, ob wir unsere Verbindungen mit den großen westlichen Kulturen weiterhin pflegen, ja sogar vermehren und stärken oder ob wir uns vor fremden Beeinflussungen mehr und mehr verschließen sollen. Weniger zahlreiche und minder bemittelte Nationen können sich eine kulturelle Autarkie nur schwer erkämpfen und noch schwerer erhalten. Sie müssen einerseits ihre nationale Eigenart schützen, andererseits die geistige Isolierung zu vermeiden suchen. Als Stefan der Heilige um die erste Jahrtausendwende die schicksalsschwere Aufgabe übernahm, den ungarischen Staat und in ihm die ungarische Kirche zu gründen, stand er vor verschiedenen Möglichkeiten. Er konnte bei Aufrechterhaltung des Heidentums den asiatischen Charakter des Ungartums wahren und dem neuen Staate diesen Stempel aufdrücken; er konnte sich der christlichen Kirche Ost-Roms anschließen, die uns in das orthodoxe Staatensystem des östlichen Europa eingefügt hätte; er konnte schließlich sein Volk der weströmischen Kirche zuführen, die damals die höchste und allgemeinste Vertreterin der abendländischen Gesittung war. Stefan der Heilige hat den letzten Weg eingeschlagen und so sich und sein Volk gleich bei der Gründung des ungarischen Staatswesens der westlichen Orientierung verschrieben. Er und seine Nachfolger aus dem Hause der Árpáden haben die großen Orden des Mittelalters: die Benediktiner, Prämonstratenser, Cistercienser, Franziskaner und Dominikaner nach Ungarn verpflanzt, die die Träger der damaligen europäischen Bildung und Wissenschaft waren. Nach dem Erlöschen der Árpáden-Dynastie brachte das Geschlecht der Anjous, ein Nebenzweig des französischen Königshauses, die französisch-normannisch-süditalienische Kultur des Trecento aus Neapel zu uns nach Ungarn. König Ludwig I. aus diesem Hause gründete eine Universität in Fünfkirchen, wobei ihm die Universität von Neapel als Muster vorgeschwebt haben dürfte. Diese frühen Bande, die uns mit der italienischen Kultur verknüpften, wurden dann während der Herrschaft der nationalen Dynastie der Hunyadi noch verstärkt. Matthias Corvinus, der eine Tochter Fenantes von Aragon, Königs von Neapel heimführte, war einer der ersten transalpinischen Gönner und Förderer der Künstler der Frührenaissance. Von den deutschen Universitäten brachten im sechzehnten Jahrhundert die ungarländischen Studenten den Protestantismus in ihre Heimat; ein Jahrhundert später entrollte Kardinal Pázmány die Fahne der Gegenreformation, die Fürsten Siebenbürgens aber suchten politische und kulturelle Verbindungen mit den protestantischen Mächten des Nordens. Unter Maria Theresia wurden die ungarischen Adelsgeschlechter vom Geiste des Rokoko erobert, die französische Aufklärung aber belebte die ungarische Literatur in der zweiten Hälfte des achtzehnten Jahrhunderts. Durch die blutigen Übertreibungen der französischen Revolution abgeschreckt, wendete sich der Kulturtrieb der ungarischen Nation dem deutschen Idealismus zu. Die Einwirkung des deutschen Klassizismus und der deutschen Romantik war eine gewaltige und bot tiefe und fruchtbare Anregungen.

Diese flüchtige Skizze der ungarischen Geistesgeschichte beweist, wie eifrig die ungarische Nation im Laufe ihrer tausendjährigen Geschichte bemüht war, die großen geistigen Strömungen Europas in sich aufzunehmen und innerlich zu verarbeiten. Die orientalisch-orthodoxen Staaten im weiteren Südosten haben diese Epochen europäischer Geschichte nicht miterlebt; die südöstlichen Grenzen Ungarns waren zugleich die Grenzen der europäischen Kultur. Erst in den letzten vier Jahrhunderten sind bei uns schwere Störungen eingetreten. Die zivile und militärische Bureaukratie des alten Österreich wollte politische Alchimie treiben und war mit geradezu erschreckender Konsequenz bestrebt, die ungarische Nation in das habsburgische Gesamtreich einzuschmelzen. Auf diesen Vernichtungswillen reagierte der Selbsterhaltungstrieb der ungarischen Nation geradezu physiologisch; das früher so zugängliche ungarische Volk schloß sich ab und lebte sich nach innen aus. Der Zusammenbruch nach dem Weltkriege, nächst der Niederlage gegen die Türken bei Mohács im Jahre 1526 die größte Katastrophe Ungarns, brachte uns die staatliche Unabhängigkeit, die allerdings mehr in der Theorie als in der Wirklichkeit besteht, da wir inmitten stark bewaffneter Nachbarn vollkommen entwaffnet dastehen. Auf kulturellem Gebiete sind wir aber tatsächlich unabhängig, und diese Unabhängigkeit wollen wir voll ausnützen, um uns noch inniger in die westliche Kultur einzuschalten.

Eine der wichtigsten Maßnahmen zur Verwirklichung dieses westlich orientierten Kulturprogramms erblicken wir in der Errichtung des ungarischen Kollegiums in Dahlem, das als ein kultureller Brückenkopf gedacht ist. Dieses Institut soll hauptsächlich zwei Ziele verfolgen: erstens soll es ein Internat für angehende Germanisten, für zukünftige Oberlehrer der deutschen Sprache und Literatur an unseren höheren Schulen sein, die in Zukunft ihre akademischen Studien an deutschen Universitäten vollenden werden; zweitens aber soll es als Heimstätte für jene jüngeren ungarischen Forscher und Gelehrten dienen, die zu den deutschen wissenschaftlichen Instituten in hochherziger Weise zugelassen werden. Forschungsinstitute haben wir auch in Rom und in Wien errichtet, und es gereicht uns zur ganz besonderen Ehre und Freude, daß unser Wiener Historisches Institut auch von reichsdeutschen Historikern ständig besucht wird, wo für sie drei Zimmer eingerichtet sind. Wie wir ferner mit meinem hochverehrten Freunde, Exzellenz Schmidt-Ott, verabredet haben, werden deutschen Naturforschern auch auf unserer biologischen Station am Plattensee Zimmer und Tisch zur Verfügung stehen.

Die unerläßliche Voraussetzung für ernste und erfolgreiche ausländische Studien ist natürlich die Kenntnis der betreffenden modernen Sprachen. Es bildet für die höheren und mittleren Schulen der kleinen Völker die größte Schwierigkeit, daß sie mit einer modernen Sprache mehr belastet werden müssen, als die entsprechenden Schulen der großen Westvölker. Hat der Deutsche, der Engländer, Italiener, Spanier oder Franzose sich seine eigene Muttersprache angeeignet, so beherrscht er zugleich eine Weltsprache. Wir Ungarn hingegen stehen mit unserer schönen Sprache vereinsamt da. Die ungarische Sprache ist obendrein noch eine turanische, die in ihrer Struktur und ihrem Wortschatz von den indogermanischen Sprachen ganz wesentlich abweicht. Wir können der griechischen, lateinischen, deutschen Grammatik keine analogen Formen und Fügungen gegenüberstellen, weshalb denn auch die Erlernung einer westlichen Sprache dem ungarischen Kinde unverhältnismäßig größere Schwierigkeiten bereitet als z. B. dem deutschen.

Dies und vieles andere mußten wir in Betracht ziehen, als wir im vorigen Jahre unser höheres Schulwesen einer einschneidenden Reform unterzogen. Das Wesen dieser Reform besteht darin, daß wir nach preußischem Vorbilde zwischen das humanistische Gymnasium und die moderne Realschule als dritte Schulgattung — leider allzu spät — das Realgymnasium einfügten. Das Realgymnasium soll nicht etwa ein Mittelding, ein Kompromiß zwischen Gymnasium und Realschule darstellen, sondern ist als etwas Selbständiges und Eigenartiges gedacht, mit eigenem, nämlich mit dem modernen Bildungsideal. Im Mittelpunkt des Unterrichts des Realgymnasiums stehen zwei moderne Sprachen, deren eine stets die deutsche ist; Latein wurde natürlich beibehalten. Gelegentlich der parlamentarischen Verhandlung des bezüglichen Gesetzentwurfes, die noch vor der Außerkraftsetzung des Léon Bérardschen französischen Mittelschulplans stattfand, wurden Stimmen laut, die forderten, daß wir auf das französische System mit seinem gemeinsamen Unterbau und den Gabelungen in den höheren Klassen übergehen sollen. Die weitaus überwiegende Mehrheit der ungarischen gesetzgebenden Körperschaft trat aber dafür ein, daß das deutsche System der Differenzierung der Schulgattungen beibehalten werde. Für diesen parlamentarischen Beschluß waren hauptsächlich zwei Erwägungen maßgebend. Werden die vier unteren Klassen vereinheitlicht und auf diese Weise ein gemeinsamer Unterbau geschaffen, so ergibt sich daraus, daß entweder ein Teil der Kinder — aus dem Gesichtspunkte ihres zukünftigen Berufes — viel Unnützes oder doch Unbrauchbares lernt, oder aber das untere Glied der höheren Schulen sich zu einer Art höheren Volksschule, wie man sie bei uns nennt, Bürgerschule entwickelt. Der Bérardsche Lehrplan schreibt vier Jahre Latein und zwei Jahre Griechisch für sämtliche Schüler, also auch für diejenigen vor, die in den oberen Klassen eine Furkation zu wählen beabsichtigen, die bei uns der Oberrealschule (ohne Latein und Griechisch) entspricht. Die Kinder müßten sich also im Sinne des Bérardschen Lehrplans mit der Grammatik einer toten Sprache abquälen, ohne die Früchte ihrer Vorstudien ernten, ohne die Lektüre der klassischen Autoren genießen zu dürfen. Das System hat sich als unhaltbar erwiesen. Würden wir aber den gemeinsamen Unterbau neutralisieren, so müßte alles Wesentliche in den oberen Klassen zusammengedrängt werden, was eine unerträgliche Überbürdung zur Folge hätte. Es ist daher das System der Spezialisierung der Schulgattungen, wo die Schule einen einheitlichen Charakter erhält, die Eigenart einer jeden Gattung voll ausgeprägt und der entsprechende Lehrstoff unter den Klassen gleichmäßig verteilt werden kann, unter allen Umständen vorzuziehen.

Im Sinne dieser unserer Reform blieben von den 114 höheren Schulen, die es im heutigen Ungarn gibt, 26 humanistische Gymnasien und 17 Realschulen weiter bestehen, 71 aber wurden in Realgymnasien umgewandelt. Ich kann feststellen, daß die neue Gattung der Realgymnasien rasch die Gunst und das Vertrauen der ungarischen Eltern gewonnen hat. In Verfolgung unseres Grundgedankens gehen wir jetzt einen Schritt weiter und tragen uns mit dem Plane, auch auf dem Gebiete des Mädchenschulwesens neben dem Mädchengymnasium eine lateinlose neue Schulgattung einzuführen, die wir als Mädchenlyzeum bezeichnen und wo im Mittelpunkte des Unterrichts zwei moderne Sprachen und Literaturen stehen werden. Nebenbei sei bemerkt, daß die Mädchenschulreform in erster Linie unter Mitwirkung von Pädagogen, die ihre Erfahrungen in Mädchenschulen gesammelt haben, entworfen und ausgearbeitet wird, weil es bisher — wenigstens bei uns — ein Krebsschaden des Mädchenschulwesens war, daß man mit den Besonderheiten der weiblichen Psyche viel zu wenig gerechnet hat.

Unsere Reform des höheren Schulwesens ist also auf der ganzen Linie im Gange und unsere Hauptsorge ist augenblicklich darauf gerichtet, die notwendige Zahl von modernen Philologen, Germanisten, Anglisten und Romanisten an entsprechenden ausländischen Universitäten heranzubilden. Alle einschlägigen Verfügungen bilden ein geschlossenes System, erdacht, um die ungarische Intelligenz auf dem Wege der modernen Sprachen und Literaturen in das westliche Geistesleben einzuführen und auf diese Weise unsere Zusammenhänge mit der abendländischen Kultur zu vertiefen und dadurch den ungarischen Genius zu befruchten. Ich brauche aber in diesem erlesenen Kreise nicht besonders hervorzuheben, daß wir in den humanistischen Gymnasien das Studium der antiken Kultur an der Hand des griechischen und lateinischen Sprachunterrichts ernst nehmen und mit aller gebotenen Gründlichkeit betreiben. Doch nehme ich entschieden Stellung — und das bedeutet bei uns einen harten Kampf — gegen das übertriebene, zum Selbstzweck ausartende Grammatisieren, das bei dem Kinde jedes sachliche Interesse geradezu ertötet. Ich betone demgegenüber mit dem größten Nachdruck die Notwendigkeit des Eindringens in das Wesen der Lektüre, in die Literatur und Kultur der Griechen und Römer, in die Geistigkeit der antiken Welt.

Wie aus dem bisher Dargelegten ersichtlich ist, haben wir einerseits alles aufgeboten, um zu verhindern, daß unter Mißbrauch demagogischer Schlagwörter die hohe Kultur und die Institute des hohen und mittleren Unterrichts vernachlässigt werden; aber andererseits dürfen wir uns auch vor der Erkenntnis nicht verschließen, daß in unserem demokratischen Zeitalter das eigentliche große Ziel der Kulturpolitik doch eine großzügige Volksbildung sein muß. Glücklicherweise gibt es bei uns in Ungarn auf dem Gebiete des Volksschulwesens keine offenen Fragen von grundsätzlicher Bedeutung, die auch die politischen Leidenschaften entfachen könnten. Die staatliche Unterrichtsverwaltung führt die Oberaufsicht über sämtliche Volksschulen; auch verursacht uns das Problem der Einheitsschule, das in Frankreich den Mittelpunkt eines heftigen Streites bildet, kein Kopfzerbrechen. Unsere mittleren und höheren Schulen sind mit keinen Vorbereitungsklassen ausgestattet, andererseits ist jedes ungarische Kind zum Besuche der Volksschule verpflichtet.

Allerdings sind auch uns mannigfache Schwierigkeiten nicht erspart geblieben; aber sie sind — wiederum — ganz spezifisch ungarisch und entspringen den eigentümlichen Siedlungsverhältnissen in Ungarn. So manche Fremde, die das ungarische Tiefland kennenlernten, waren von der eigenartigen Schönheit der ungarischen Pußta, die Lenau, Petőfi und Arany mit einer poesiegetränkten Romantik umgaben, bezaubert. Nur wenige wissen, daß das Wort *puszta* etymologisch zu dem Zeitwort *pusztitani* gehört, was deutsch soviel heißt wie ,,verwüsten''; *puszta* bedeutet also etwas ,,Verwüstetes'', die ,,Wüste''. Die große ungarische Tiefebene, unser ,,Alföld'', war vor der Türkenherrschaft dicht bevölkert; die Türken haben sie eben verwüstet, in eine Wüste verwandelt. Hie und da verkündet noch die Ruine einer Kirche, ein einsam ragender Kirchturm, daß dort einst ein Dorf gestanden. Die deutsche Kulturgeschichte hat bis in die kleinsten Einzelheiten nachgewiesen, wie verheerend der Dreißigjährige Krieg auf Volkszahl, Wohlstand und Kultur gewirkt hat. Dieser Krieg währte aber nur dreißig Jahre, wogegen Ungarn 160 Jahre lang unter das Türkenjoch gebeugt war; auch standen auf dem blutgedüngten Boden unseres Vaterlandes nicht Europäer, Kinder derselben Gesittung, einander gegenüber, sondern zwei Welten: die christliche und islamitische. Die Folge dieser Türkenherrschaft war, daß nach ihrem Sturze ein beträchtlicher Teil des Landes neu besiedelt werden mußte. In die Tiefebene ist die Bevölkerung allmählich zurückgekehrt, aber diese Art der Neubesiedlung brachte es mit sich, daß verhältnismäßig wenig geschlossene Dörfer entstanden, da die Neuankömmlinge Haus und Hof zumeist mitten auf ihrem Acker anlegten. Man kann stundenlang mit dem Schnellzug durch die Pußta fahren und sieht ununterbrochen zerstreute, vereinzelte Bauernhöfe, die wir ungarisch *Tanya* nennen. Aber auch in Transdanubien, wo der Adel seine von den Spahis verlassenen Latifundien zurückerhielt, entstanden abgeschiedene, vereinsamte Meierhöfe. Bei solchen Siedlungsverhältnissen ist es naturgemäß schwierig, die schulpflichtigen Kinder in einer nahegelegenen oder doch erreichbaren Schule zu vereinigen. Es gibt in Ungarn keine geschlossene Siedlung, kein einziges Dorf, das nicht seine eigene Schule hätte. Wenn trotzdem die Zahl der Analphabeten — leider — eine beträchtliche ist, so hat das seinen Grund in diesen unseren eigenartigen Siedlungsverhältnissen. Es harrt aber jetzt ein Gesetzentwurf der parlamentarischen Erledigung, der einerseits einen vom Staat mit jährlich $2^1/_2$ Millionen Goldkronen dotierten Schulbaufonds vorsieht, andererseits aber die lokalen Interessenten, in erster Reihe den Großgrundbesitz verpflichtet, zu den Errichtungskosten der Schulgebäude beizusteuern und die Kinder aus den entlegenen Bauern- und Meierhöfen mit Wagen in die Schule und wieder nach Hause zu befördern. Um die außerordentlichen Schwierigkeiten, mit denen diese Aktion verbunden ist, wenigstens anzudeuten, möchte ich erwähnen, daß es sich überall nur um die Aufführung von Gebäuden mit je einem Lehrsaal und einer Lehrerwohnung handelt, und daß der Lehrer, der sich der Tanyaschule widmet, sein Leben in voller Einsamkeit — die Entfernung nicht etwa von der nächsten Stadt, sondern vom nächsten Dorfe macht oft eine Tagereise aus — verbringen muß. Es gilt also hier ein schier unlösbares Problem zu bewältigen, und gelingt es mir, in der geplanten Weise eine allgemeine Einschulung durchzusetzen und das Analphabetentum in Ungarn aus der Welt zu schaffen, so will ich darin den köstlichsten Lohn meines öffentlichen Lebens erblicken.

Dem Plane eines weiteren inneren Ausbaues unserer Volksschulen trat man bisher mit der Einwendung entgegen, daß wir erst die allgemeine Einschulung aller schulpflichtigen Kinder durchführen müssen, bevor wir an die Ausdehnung der Schulzeit und an die Bereicherung des Schulplans denken dürfen. Nun, die eingeleitete große Schulbauaktion legt den Weg auch für die weitere innere Ausgestaltung des ungarischen Volksschulwesens frei. Wir haben gegenwärtig eine auf sechsjähriger Schulpflicht aufgebaute sechsklassige Volksschule, an die sich ein dreijähriger obligatorischer Fortbildungskurs anschließt. Es ist klar, daß diese knapp bemessene Schulzeit heute als kulturelle Grundlegung für das ganze Leben nicht mehr ausreicht. Wir gehen jetzt daran, der Volksschule zwei weitere Klassen und dem Fortbildungskurse einen vierten Jahrgang anzugliedern, so daß nach einer Übergangszeit von zehn Jahren jedes ungarische Kind vom sechsten bis zum vierzehnten Lebensjahre die Volksschule, vom vierzehnten bis zum achtzehnten aber den Fortbildungskurs besuchen wird. Die wirtschaftlichen Fächer sind derzeit nur dem Lehrplane des Fortbildungskurses eingefügt, in Zukunft wird namentlich den landwirtschaftlichen Lehrgegenständen auch in den oberen Klassen der Volksschule des flachen Landes in entsprechendem Ausmaße Raum gegeben werden. Die höheren Jahrgänge des Fortbildungskurses aber werden die Jugend zur selbständigen Lektüre heranbilden und zur richtigen und ausgibigen Benützung der Volksbibliotheken anleiten.

Wir hoffen, daß eine derartige Ausdehnung der geistigen Fortbildungspflicht bei unserer reiferen Jugend auf keinerlei Widerstände stoßen wird, da wir ja vor zwei Jahren die obligatorische Teilnahme an den Leibesübungen, die sogar bis zum zwanzigsten Lebensjahre währt, hemmungslos einzuführen vermochten, so daß heute im ganzen Lande leidenschaftlich geübt und geturnt wird.

Die frühere, ziemlich einseitige Verstandesbildung muß durch eine gesteigerte moralische Erziehung, besonders durch Stärkung des Willens und Solidaritätsgefühls, des Altruismus und der Nächstenliebe erhöht und geadelt werden. Die Auffassung ist ja eine allgemeine, daß die Schule der letzten Jahrzehnte von der Schuld nicht freigesprochen werden kann, daß sie es unterlassen hat, durch eine intensivere moralische und soziale Erziehung dem anwachsenden Klassenhasse innere Gegengewichte zu schaffen.

Wir Ungarn bedürfen eines sittlich-kulturellen Stahlbades ganz besonders. Infolge des Zusammenbruches nach dem Weltkriege sind uns von dem 325.411 Quadratkilometer betragenden Staatsgebiete bloß 92.916 Quadratkilometer verblieben und von den 20,886.487 Einwohnern nur 7,980.143. Wir können aber die ganze Größe der ungarischen Katastrophe erst dann ermessen, wenn wir einen Blick auf die geschichtliche Entwicklung des ungarischen Staatsgebietes werfen. Die Türken hatten, vom Süden her vordringend, die große ungarische Tiefebene und Transdanubien erobert, also dieselben Gebiete, aus denen Ungarn seit Trianon besteht; vor ihrer verheerenden Macht mußten die Bevölkerung, die Behörden, die Kirchen und Schulen in die Gebirge Oberungarns und Siebenbürgens fliehen. Durch Trianon aber haben wir gerade Oberungarn und Siebenbürgen verloren, so daß Ungarn im 16. und 17. Jahrhundert aus ganz anderen Territorien bestand, als gegenwärtig. Mit einem Worte: das heutige Ungarn war in der Türkenzeit, das damalige Ungarn aber ist heute an den Balkan verloren gegangen. In dieser Tatsache offenbart sich die ganze Tragik der ungarischen Geschichte; sie bezeugt aber auch, wie unabhängig der ungarische Patriotismus von Zeit und Ort, von jedwedem Verhängnis ist. Er ist durch die Heimatsliebe und Muttersprache nicht erschöpft, sondern manifestiert sich als eine eherne Solidarität all derer, die ungarisch denken und fühlen. Dieser Wechsel des Staatsgebiets erklärt auch unsere jetzige Armut an historischen Kunstdenkmälern. Die Stuhlweißenburger Basilika der Árpáden, die Klöster der großen geistlichen Orden, das Visegráder Kastell der Dynastie Anjou, die Ofner Burg des Matthias Hunyadi und viele andere Monumentalbauten aus dem ungarischen Mittelalter wurden von den Türken restlos vernichtet; die Ritterburg von Vajdahunyad, die Dome von Karlsburg, Kaschau, Preßburg und so manche anderen Kunstdenkmäler Oberungarns und Siebenbürgens aber hat uns der Friede von Trianon entrissen. Die ungarische Geschichte bildet eine geschlossene Reihe von Katastrophen und die Trümmerfelder sind ihre Denkmäler. Daß wir nach dem letzten Zusammenbruch trotz alledem nicht verzagten, ist der schlagendste Beweis der unverwüstlichen Lebenskraft Ungarns. Nach dem Verlust der Integrität des nationalen Territoriums hängen wir mit doppelter Liebe und Hingabe an der Integrität unseres nationalen Kulturbesitzes.

Seit dem Ausgleich vom Jahre 1867 hat die ungarische Nation bis zum Ausbruch des Weltkrieges ein halbes Jahrhundert in Frieden und Arbeit verlebt: der materielle Wohlstand nahm zu und unsere Kultur entwickelte sich in einem erstaunlichen Maße, wovon das Ausland freilich nur wenig erfuhr. Unsere Sprache isolierte uns naturgemäß, aber auch die Diplomatie der alten Monarchie wußte uns den Weg zu verstellen, wenn wir außerhalb der schwarzgelben Grenzpfähle geistige Verbindung suchten. Auch die massenhafte Exodus unserer akademischen Jugend nach den reichsdeutschen Hochschulen wurde ungern gesehen. Nie hätte man von uns draußen Kenntnis erhalten, hätten wir keinen Petőfi und Jókai, Liszt und Munkácsy gehabt; sie waren unsere geistigen Botschafter. Diese kaum gekannte, von wohlwollenden Freunden, die zu uns kamen, immer wieder neuentdeckte Kultur, das kostbarste Erbe aus unserer schicksalsreichen Vergangenheit, wollen wir treu bewahren und unversehrt in eine schönere Zukunft hinüberretten. Wir, die wir militärisch entwaffnet sind, haben unsere ganzen verbliebenen Kräfte auf ein Ziel eingestellt: das geistige Rüstzeug des früheren großen Ungarn soll für Rumpfungarn unvermindert erhalten bleiben, das spezifische Gewicht der ungarischen Geisteskultur, das einst auf eine Bevölkerung von einundzwanzig Millionen verteilt war, muß ohne Verlust von den verbliebenen acht Millionen Ungarn getragen werden. Wir sind uns der Schwere dieser Aufgabe vollauf bewußt, doch schöpfen wir Vertrauen und Mut zu unserer harten Arbeit aus dem leuchtenden Beispiel der großen deutschen Nation, die nach Jena und Versailles das Schicksal zu meistern und die politischen Unglücksfälle durch die unüberwindlichen Kräfte des Geistes wettzumachen verstand. Wir haben erkannt, daß wir auf Bahnen wandeln müssen, auf denen Kulturpolitiker wie Wilhelm v. Humboldt und Allenstein, Althoff, Harnack, Schmidt-Ott, Becker, das deutsche Geistesleben über drohende Abgründe hinweg in die Höhe führten.

An der Seite der stolzen Armeen Deutschlands kämpften und bluteten die ungarischen Regimenter stets mit Ehren, und das gemeinsam vergossene Blut mag wohl der stärkste Kitt sein, der Menschen und Völker zusammenhält. Das sich de profundis erhebende Ungarn hofft zuversichtlich, daß die deutsche Nation, das Volk der alten deutschen Treue, des braven Kampfgenossen nicht vergessen wird und in den Jahren des schöpferischen Friedens ihn als Arbeitsgenossen aufnimmt. So wollen wir uns dann mit der Macht des Geistes und mit Gottes Hilfe eine bessere Zukunft erarbeiten.

Mit diesem heißen Wunsche schließe ich meinen Vortrag, mit dem ich Ihnen, meine hochverehrten Herren, einen flüchtigen Einblick in die hoffende, ringende Seele des ungarischen Volkes geben wollte. Durch Ihr Erscheinen haben Sie in meiner bescheidenen Person den Kultur- und Lebenswillen meines Vaterlandes geehrt. Ich sage Ihnen im Namen der ungarischen Nation herzlichsten Dank dafür.

UNGARISCHE JAHRBÜCHER

Inhalt des I. Bandes:

I. Aufsätze und Berichte: BAJZA, J. v.: Die kroatische Publizistik während des Weltkrieges / BONKÁLÓ, A.: Die ungarländischen Ruthenen / BUDAY, L. v.: Die Bevölkerungsbewegung in Ungarn und der Krieg / BUDAY, L. v.: Landwirtschaftliche Produktion in Ungarn / FUCHS, A. v.: Skizze des ungarischen Bankwesens / GOMBOCZ, Z.: Die bulgarische Frage und die ungarische Hunnensage / GRAGGER, R.: Unser Arbeitsplan / HORVÁTH, J. v.: Das Genossenschaftswesen in Ungarn / KVASSAY, E. v. Die Donau vom Standpunkt der Schiffahrt / MÁLYUSZ, E. v. Die Entstehung des Komitates Turóc / MOÓR, E.: Die Deutschen Spielleute in Ungarn / RÉZ, M. v.: Gedanken über Stephan Tisza / SEBESS, D. v.: Die Agrarreform in Ungarn / TAGÁNYI, K.: Alte Grenzschutzvorrichtungen und Grenzödland *gyepü* und *gyepüelve* / TAKÁTS, A. Ungarische und türkische Berufsschreiber im 16. und 17. Jahrhundert / THIM, J. R.: Die Gründungsversuche Jugoslawiens 1848/49 / VICZIÁN, E. v.: Die Wasserkraft der Donau / ZOLNAI, B.: Ungarische Literatur 1906—1921. II. Kleine Mitteilungen, Anzeigen, Bibliographie.

Inhalt des II. Bandes:

I. Aufsätze und Berichte: BUDAY, L. v.: Agrarpolitische Zukunftsaufgaben / DOMANOVSZKY, A.: Die Vergangenheit der ungarischen Donau-Handelsschiffahrt / FEHÉR, G.: Ungarns Gebietsgrenzen in der Mitte des 10. Jahrhunderts / GRAGGER, R.: Ungarische Institute für Geschichtsforschung / HÓMAN, B.: Der Ursprung der Siebenbürger Székler / KÁROLYI, A.: Stephan Széchenyis beschlagnahmte Schriften / KOVÁCS, A.: Die Wiedergeburt der ungarischen Volkskraft / LOSONCZY, Z.: Die ungarische Sprachwissenschaft 1920—1921 / NYULÁSZI, J.: Staatsverträge zur Regelung von Steuer- und Gebührenfragen / THIENEMANN, TH.: Die deutschen Lehnwörter der ungarischen Sprache. II. Kleine Mitteilungen, Anzeigen, Bibliographie.

Inhalt des III. Bandes:

I. Aufsätze und Berichte: ALFÖLDI, A. Der Untergang der Römerherrschaft in Pannonien / ANGYAL, D. Das österreichische Staats- und Reichsproblem / BALOGH, E. v.: Die gesammelten Werke des Grafen Tisza / EGYED, St.: Die heutigen staatsrechtlichen Einrichtungen Ungarns / ECKHARDT, Fr.: Die Handels- und Zahlungsbilanz Ungarns unter der Regierung Maria Theresias / FELLNER, Fr. v. Die internationale Zahlungsbilanz Rumpfungarns und das Problem der Wiedergutmachungen / GRAGGER, R.: Eine altungarische Marienklage / HOLIK, Fl.: Die erste gelehrte Gesellschaft in Ungarn / HÓMAN, B.. Geschichtliches im Nibelungenlied / KLEBELSBERG, K. Gr.: Die Universität der öffentlichen Sammlungen / PAIS, D.: Die altungarischen Personennamen / SOLYMOSSY, A.: Verwandtschaft der ungarischen Volksmärchen mit den orientalischen / SZEKFŰ, J.: Geschichte des ungarischen Weinbaus / WEBER, A.. Maria Theresia auf dem Preßburger Reichstag. II. Kleine Mitteilungen, Anzeigen Bibliographie.

Inhalt des IV. Bandes.

I. Aufsätze und Berichte: ALFÖLDI, A. Der Untergang der Römerherrschaft in Pannonien III / ANDERSSEN, W.: Die Entwicklung der ungarischen Räteverfassung / ARRAS, P.: Regestenbeiträge zur Geschichte des Matthias I. Corvinus / BANG, W.: Türkisches Lehngut im Mandschurischen / BRÜCKNER, A.: Ungarn und Polen / GRAGGER, R.: Zur Geschichte der ugrofinnischen Sprachwissenschaft. I. Wilhelm von Humboldt / KERTÉSZ, M.: Kulturgeschichtliche Spuren in der ungarischen Sprache / LEWY, E.: Kurze Betrachtung der ungarischen Sprache / MAGYARY, Z. v.: Das ungarische Budgetrecht / MARKWART, J.: Ein arabischer Bericht über die arktischen (uralischen) Länder aus dem 10. Jahrhundert / PRINZ, GY.: Die Siedlungsformen Ungarns / SCHULZE, W.: Das Rätsel vom trächtigen Tiere / SCHÜNEMANN, G.: Ungarische Motive in der deutschen Musik / SCHÜNEMANN, K.: Ungarische Hilfsvölker in der Literatur des deutschen Mittelalters / SENGER, A.: Der Reiter im Kaiserdom zu Bamberg / WINKLER, H.: Die altaischen Sprachen / ZEMPLÉNI, E.: Die Sowjetführer Ungarns. II. Kleine Mitteilungen und Anzeigen. III. Bibliographie. IV. Besprochene Werke.

FSC
www.fsc.org
MIX
Papier | Fördert gute Waldnutzung
FSC® C083411

Kolibri 360 GmbH
Ferdinand-Jühlke-Straße 7
99095 Erfurt, Deutschland
produktsicherheit@kolibri360.de